MATHÉMATIQUES MARINES POUR LE LONG COURS

ou

LEÇONS D'ALGÈBRE ET DE TRIGONOMÉTRIE

POUR LE GRADE DE CAPITAINE AU LONG COURS

PAR E. ANT. CLAESSENS DE JONGSTE

Architecte militaire, ancien professeur de *Sutton-Court-School*, à *Chiswick*,
Auteur des ouvrages en espagnol : *Arpentage et Nivellement scientifiques et pratiques*,
... du Commerce, Manuel de Tenue des livres en partie double, etc.

PARIS

LIBRAIRIE SCIENTIFIQUE, INDUSTRIELLE ET AGRICOLE DE E. LACROIX, ÉDITEUR

Quai Malaquais.

MATHÉMATIQUES MARINES

POUR LE LONG COURS

Pour paraître incessamment :

1° **De la Défense militaire des places,** ou Abrégé de l'ingénieur assiégé, précédé d'un précis de trigonométrie rectiligne, par E. Ant. Claessens de Jongste ;

2° **École de Trigonométrie rectiligne,** avec des applications numériques aussi nombreuses que variées, par E. Ant. Claessens de Jongste.

Corbeil. — Typ. et stér. de Crété.

MATHÉMATIQUES MARINES POUR LE LONG COURS,

OU

LEÇONS D'ALGÈBRE ET DE TRIGONOMÉTRIE

POUR LE GRADE DE CAPITAINE AU LONG COURS;

PAR E. ANT. CLAESSENS DE JONGSTE,

architecte militaire, ancien professeur de *Sutton-Court-School*, à *Chiswick (Londres)*, auteur des ouvrages en espagnol : *Arpentage et Nivellement scientifiques et pratiques, Le Phare de la Banque et du Commerce, Manuel de Tenue des livres en partie double,* etc.

PARIS

LIBRAIRIE SCIENTIFIQUE, INDUSTRIELLE ET AGRICOLE DE E. LACROIX, ÉDITEUR,

45, quai Malaquais.

1868

DEUX MOTS D'AVIS AU LECTEUR

Présenter sous une forme condensée, dans un cadre lui-même aussi restreint que neuf, les choses, ou plutôt les principes les plus essentiels de l'algèbre en même temps que les problèmes vraiment importants, indispensables pour la navigation au long cours, résolus ceux-ci, non par des voies vulgaires et en quelque sorte empiriques, mais par la méthode des mathématiques, — tel est le but qu'a cherché à atteindre l'auteur de ce livre-ci.

Les calculs qu'il contient et qui tous résultent de données neuves et non empruntées au champ d'autrui sont surtout destinés aux jeunes gens qui, désireux de devenir capitaines au long cours, se proposent d'apprendre d'une manière aussi accélérée que sérieuse pour se présenter, avec non moins de confiance que de succès, aux épreuves redoutées des examens exigés par le Gouvernement.

Puisse l'auteur de ces *Mathématiques marines* ne point s'être trompé dans ses intentions ! Et si, en produisant ici cet ouvrage avec une modestie respectueuse, il trouve quelque faveur auprès du public, il y aura là une récompense pour le certain nombre d'heures de travail employées, ainsi que plus d'un encouragement pour entreprendre d'autres productions de ce genre, mais plus étendues, mais plus complètes.

E. Ant. Claessens de Jongste.

ALGÈBRE.

PARTIE I

1. L'Algèbre est la *science des formules mathématiques ;* on peut la définir ainsi, puisqu'elle a pour but d'obtenir des formules qui s'appliquent à toutes les questions de même espèce.

Des signes algébriques.

$+$	*veut dire*	plus.	$a > b$	*veut dire*	a plus grand que b.
$-$	—	moins.	$m < n$	—	m plus petit que n.
$\times$	—	multiplié par.	$\dfrac{B}{0}$	—	symbole de l'infini.
$:$	—	divisé par.	$+ \infty$	—	infini positif.
$\dfrac{a}{b}$	—	a divisé par b.	$- \infty$	—	infini négatif.
D	—	divisé par.	$\dfrac{0}{0}$	—	symbole d'indétermination.
$a \cdot b$	—	a multiplié par b.	$\sqrt{}$	—	racine carrée.
$=$	—	égale *ou* égalent.	$\odot$	—	soleil.

Définitions.

3. Séparées par ce signe =, deux expressions algébriques forment ce qu'on appelle, en général, une *égalité*.

4. Les quantités placées à gauche et à droite du signe = sont les deux *membres* de l'équation.

5. Une *équation* est une *égalité à satisfaire*.

6. Le nombre placé devant une ou plusieurs lettres devient un facteur, et il s'appelle *coefficient*. Exemple : $3bc$.

7. L'*exposant* est le nombre qui, placé à droite d'une lettre et un peu en haut, indique combien de fois cette lettre entre comme facteur dans un produit ; ainsi, au lieu de aa, on écrit a^2.

8. Toute lettre affectée de l'exposant zéro représente l'unité ; ainsi $a^0 = 1$.

9. Règle des exposants. Pour chaque lettre commune aux deux facteurs, on compose l'exposant du quotient en retranchant l'exposant du diviseur de celui du dividende.

Ainsi, $\dfrac{a^7}{a^4} = a^3$, et en général $\dfrac{a^m}{a^n} = a^{m-n}$. Et $\dfrac{a^m}{a^m} = a^0 = 1$.

10. On appelle *degré d'une équation* le plus haut exposant de l'inconnue, lorsqu'on a fait évanouir les dénominateurs, opéré les calculs indiqués, et effectué la réduction des termes semblables.

11. L'équation est dite *numérique* lorsque les quantités données qui y entrent, s'expriment par des nombres. On appelle équation *littérale* celle dont les quantités données qui s'y trouvent sont représentées par des lettres.

12. *Résoudre une équation*, c'est déterminer les valeurs qui, mises au lieu de l'inconnue, établissent l'égalité entre le premier et le second membre, et changent ainsi l'équation en *identité*.

13. Une quantité *algébrique* est une quantité qui se compose de deux éléments : 1° d'une valeur numérique qui peut être entière ou fractionnaire ; 2° du signe $+$ ou du signe $-$.

14. Lorsque dans un problème, il y a, en général, un nombre illimité de systèmes de valeurs propres à vérifier l'équation, le problème est dit *indéterminé*.

15. On dit qu'une équation est du *premier degré* lorsqu'après y avoir fait évanouir les dénominateurs et opéré les multiplications indiquées, s'il y en a, les inconnues n'y sont qu'à la première puissance, et qu'on ne les a point multipliées entre elles.

16. *Formule* ou *expression formulaire* d'un degré quelconque est l'équation littérale complète de ce degré.

$ax + b = 0$ est l'équation formulaire du premier degré à une seule inconnue.

$ax + by + c = 0$ est l'expression formulaire du premier degré à deux inconnues.

$ax^2 + bx + c = 0$ est l'expression formulaire du second degré à une seule inconnue.

$ay^2 + bxy + cx^2 + dy + ex + f = 0$ est l'équation formulaire du second degré à deux inconnues.

17. On exprime quelquefois les équations formulaires comme il suit :

$ax = b$, $ax + by = c$, et l'on observe le même procédé pour les autres.

De quelques formules d'un usage fréquent.

18. La multiplication des binômes de la forme $a + b$ et $a - b$ par eux-mêmes, ce qui forme leur carré, donne naissance à des formules qu'il faut absolument retenir. Voici ces formules :

$$
\begin{array}{ll}
a + b & \qquad a - b \\
a + b & \qquad a - b \\
\hline
a^2 + ab & \qquad a^2 - ab \\
\quad + ab + b^2 & \qquad \quad - ab + b^2 \\
\hline
a^2 + 2ab + b^2 & \qquad a^2 - 2ab + b^2
\end{array}
$$

19. Il est évident que ces opérations peuvent s'exprimer aussi par :

$$(a + b)^2 = a^2 + 2ab + b^2$$
$$(a - b)^2 = a^2 - 2ab + b^2$$

20. On voit par le premier résultat qu'en général le carré de la somme de deux quantités renferme :

Le carré de la première, plus deux fois le produit de la première par la seconde, plus le carré de la seconde.

21. Le second résultat enseigne que le carré de la différence de deux quantités renferme :

Le carré de la première, moins deux fois le produit de la première par la seconde, plus le carré de la seconde.

22. REMARQUE. Le *carré d'un binôme*, quels que soient les signes de ses termes, se compose toujours de trois termes dont le premier a^2 et le dernier b^2, toujours positifs, sont les carrés respectifs des deux termes du binôme proposé, et dont le second $+2ab$ ou $-2ab$ est le double produit de ces mêmes termes, pris avec le signe $+$ si les deux termes du binôme ont des signes identiques, et avec le signe $-$ s'ils affectent des signes contraires.

Règle des signes dans la multiplication.

23. Pour l'énoncer d'une manière aussi claire que brève, on dit que :

$$
\begin{array}{ccccccc}
+ & multiplié\ par & + & donne & + \\
+ & » & » & - & » & - \\
- & » & » & + & » & - \\
- & » & » & - & » & + \\
\end{array}
$$

24. *Le produit de la somme de deux quantités par leur différence est égal à la différence des carrés de ces produits.* Ainsi, en effectuant le produit de la somme de deux produits $a+b$ par leur différence $a-b$, on trouvera :

$$a + b$$
$$a - b$$
$$\overline{a^2 + ab}$$
$$-ab - b^2$$
$$\overline{a^2 - b^2}$$

Principes.

25. On peut opérer dans les égalités toutes les transformations qui n'empêchent pas l'égalité des deux membres.

26. Pour faire passer un terme d'un membre dans un autre, il suffit d'effacer du membre où il se trouve le terme que l'on veut changer de membre, et de l'écrire dans l'autre avec un signe contraire à celui qu'il a, et qui est $+$ ou $-$.

27. Quand un même terme se rencontre dans les deux membres avec le même signe, on peut le supprimer de part et d'autre.

28. On peut multiplier les deux membres par une même quantité, et cette opération peut servir à faire évanouir les dénominateurs, lorsqu'il y en a.

29. Pour faire évanouir les dénominateurs d'une égalité, on n'a qu'à réduire tous les termes au même dénominateur, et qu'à supprimer ensuite le dénominateur commun.

30. On peut diviser les deux membres par une même quantité ; par là on supprime, quand il s'en trouve, les facteurs communs aux deux membres, et cette opération simplifie les calculs.

31. Les préceptes qu'on vient de lire reposent sur cet axiome fondamental : *quand deux quantités sont égales et qu'on les soumet l'une et l'autre à des opérations identiques, les résultats restent égaux.*

32. Les équations à une seule inconnue sont distinguées, par leur degré, les unes des autres.

33. La *mise en équation*, qui est la première partie pour la résolution d'un problème, est astreinte à des lois assez vagues, vu l'immense variété des questions qu'on peut avoir à résoudre. Voici la marche qu'il convient de suivre, suivant le précepte donné par un mathématicien illustre.

34. *Il faut,* dit M. Lacroix, *regarder le problème comme résolu, et indiquer à l'aide de signes algébriques, sur les quantités connues représentées, soit par des nombres, soit par des lettres, les mêmes raisonnements et les mêmes opérations qu'il faudrait effectuer pour vérifier les valeurs des inconnues, si elles étaient connues.*

35. Pour résoudre une équation quelconque du premier degré à une seule inconnue, on observe une marche uniforme que l'on peut résumer de cette manière :

1° *Éliminer les dénominateurs ;* 2° *opérer les multiplications indiquées, au cas qu'il y en ait,* 3° *faire passer dans un même membre tous les termes qui renferment l'inconnue, et dans l'autre membre tous les termes non affectés de cette inconnue ;* 4° *effectuer la réduction des termes semblables ;* 5° *mettre l'inconnue en facteur commun dans le membre renfermant cette inconnue, au cas qu'il y ait plusieurs termes affectés de l'inconnue qui n'aient pu être réduits ; 6° diviser les deux membres par la quantité qui multiplie l'inconnue.*

56. Lorsque, dans un problème, il y a deux inconnues, il faut que l'énoncé donne deux équations entre ces deux inconnues.

57. L'artifice de la résolution d'un système à deux équations du premier degré à deux inconnues est de déduire de ce système d'équations un système équivalent de deux autres équations, de manière que l'une d'elles ne renferme que l'une des deux inconnues. Cette opération s'appelle *éliminer une inconnue.*

58. Il y a, pour faire cette élimination, 1° *la méthode par réduction au même coefficient ;* 2° *la méthode par substitution ;* 3° *la méthode par comparaison ;* 4° *la méthode des coefficients indéterminés.*

Voir les nᵒˢ 77, 79 pour l'artifice de la méthode par réduction et pour la méthode par substitution, laquelle est la plus importante de toutes.

Définitions relatives surtout aux équations du second degré.

59. Le *carré d'une quantité algébrique* est le produit de cette quantité par elle-même. Exemple : $4a^3b^2x$ a pour carré $16a^6b^4x^2$.

40. La *racine carrée d'une quantité algébrique* est une quantité qui, multipliée par elle-même, reproduit l'autre quantité. Exemple : $\sqrt{25a^2b^2x^2} = \pm 5abx$.

41. Une équation à une seule inconnue est du second degré quand, après qu'on a fait évanouir les dénominateurs et opéré les calculs, elle renferme un ou plusieurs termes où l'inconnue entre à la seconde puissance, c'est-à-dire, lorsque cette inconnue est affectée de l'exposant 2.

42. Une expression comme $\sqrt{3}$ représentant une quantité dont la valeur ne peut se déterminer exactement en nombres, mais qui ne laisse pas d'avoir une existence réelle, est appelée une *quantité incommensurable* ou une *quantité irrationnelle*. Elle est incommensurable, si on la considère sous le rapport de son évaluation numérique ; et elle est irrationnelle, si elle ne se présente à notre réflexion que par le signe $\sqrt{\ }$ qui l'exprime.

43. Les quantités irrationnelles semblables sont celles qui, après leur simplification, présentent la même quantité sous le radical.

$7b^2x\ \sqrt{4ab}$ et $9abx^2\ \sqrt{4ab}$ en sont des exemples.

44. Une *quantité imaginaire* est celle dont l'expression est le symbole d'une opération impossible. $\sqrt{-4}$ est de cette nature, car elle n'a pas d'existence réelle.

Principes relatifs surtout aux équations du second degré.

45. Le *carré d'un binôme* se compose : 1° du carré du premier terme ; 2° de deux fois le produit du premier par le second ; 3° du carré du second.

46. Le *carré d'un trinôme* se forme : 1° du carré du premier terme ; plus deux fois le produit du premier terme par le second ; plus le carré du second ; plus deux fois le produit de chacun des deux premiers par le troisième ; plus le carré du troisième.

47. Si, dans un polynôme, il y avait un quatrième terme, le carré contiendrait, outre les parties constitutives du carré d'un trinôme, à savoir :

Deux fois le produit de chacun des trois premiers termes par le quatrième, plus le carré du quatrième.

48. La racine carrée d'une quantité algébrique, soit numérique, soit littérale, peut se prendre indifféremment avec deux signes contraires ; mais la racine arithmétique d'une quantité numérique est essentiellement positive.

49. Pour extraire la racine carrée d'une fraction algébrique, on doit extraire la racine de chacun de ses termes. Ainsi la racine carrée de la fraction $\dfrac{a^2}{b^2} = \dfrac{a}{b}$.

50. Lorsque l'un des deux termes n'est pas un carré parfait, on ne fait qu'indiquer la racine. Ainsi racine de $\dfrac{11ab}{7x^2} = \sqrt{\dfrac{11ab}{7x^2}}$.

51. En règle générale, quand on a fait évanouir les dénominateurs, une équation à la seconde puissance ne peut renfermer que trois espèces de termes, savoir :

Des termes en x^2 ; des termes en x, et des termes non affectés de x.

Passant tous les termes dans un même membre et mettant x^2 en facteur parmi ceux qui le renferment, et agissant pareillement à l'égard de x, l'équation revêt la forme générale

$$ax^2 + bx + c = 0.$$

52. Dans toute équation à la seconde puissance de la forme susdite, l'inconnue égale le coefficient de la première puissance de x pris avec le signe contraire, plus ou moins la racine carrée du carré de ce coefficient, diminué du quadruple du produit du coefficient de x^2 par le terme indépendant de x ; et le tout se divise par le double du coefficient de x^2.

53. Dans le calcul des quantités irrationnelles, il convient, avant tout, de simplifier les radicaux s'il y a lieu ; et cette opération se fait d'après le principe suivant :

La racine carrée d'un produit égale le produit des racines carrées de ses facteurs.

54. On peut faire passer sous le radical, mais en l'élevant au carré, un facteur placé devant. $a\sqrt{b}$ est une expression qui peut se traduire par $\sqrt{a^2} \cdot \sqrt{b}$.

55. Multiplier une quantité par $\dfrac{1}{m}$, c'est la diviser par m.

56. $\sqrt{\dfrac{a}{m^2}}$ équivaut à $\sqrt{\dfrac{1}{m^2 . a}}$ Cette expression vaut aussi $\sqrt{\left(\dfrac{1}{m}\right)^2 a .}$

57. Suivant la règle posée plus haut, on peut écrire aussi :

$$\sqrt{\left(\frac{1}{m}\right)^2} \cdot \sqrt{a} \text{ ou } \frac{1}{m}\sqrt{a} \text{ ou enfin } \frac{\sqrt{a}}{m}.$$

58. Dans l'expression $\sqrt{-4}$, la quantité -4, placée sous le radical, est regardée comme le produit de $+4$ par -1.

59. La racine carrée de $\sqrt{-4}$ étant extraite donne $2 \cdot \sqrt{-1}$, et de $\sqrt{-a^2}$ on tire $a\sqrt{-1}$. Enfin, $\sqrt{-3}$ peut s'exprimer par $\sqrt{3} \cdot \sqrt{-1}$.

60. Comme on vient de voir, la racine d'une quantité négative s'exprime en multipliant par $\sqrt{-1}$ la racine de la même quantité en l'écrivant positivement.

PARTIE II

CHAPITRE PREMIER

61. **Problèmes du premier degré à une seule inconnue**

62. Trouver deux nombres dont on connaît la somme et la différence.

Soit S la somme des deux nombres demandés; représentons par d leur différence donnée, et soit x le plus petit des deux nombres.

Évidemment, le nombre le plus grand étant $x + d$, nous pourrons traduire l'énoncé par le langage algébrique suivant :

$$x + d + x = S,$$

d'où

$$2x + d = S,$$

d'où

$$2x = S - d,$$

d'où

$$x = \frac{S - d}{2};$$

ou bien

$$x = \frac{S}{2} - \frac{d}{2}.$$

Cette expression qui a généralisé le problème en le rendant indépendant de toute valeur particulière, apprend qu'en général, quand on connaît la somme de deux nombres et leur différence, on obtient le plus petit de ces nombres en retranchant de la moitié de la somme la moitié de la différence donnée.

Si, à la valeur de x, $\frac{S}{2} - \frac{d}{2}$, on ajoute la différence d, on trouvera le plus grand des deux nombres demandés :

$$\frac{S}{2} - \frac{d}{2} + d,$$

ou bien

$$\frac{S}{2} - \frac{d}{2} + \frac{2d}{2};$$

d'où

$$\frac{S}{2} + \frac{d}{2}.$$

63. Un autre principe s'établit par cette dernière formule, et c'est que : *la moitié de la somme de deux nombres, ajoutée à la moitié de leur différence, donne le plus grand de ces nombres.*

Maintenant, posons un cas particulier et dépendant d'une valeur particulière :

64. Trouver deux nombres dont la somme est 19 et dont la différence est 5.

Soit x le plus grand nombre; on a évidemment :

ÉQUATION.

$$x + x - 5 = 19 ;$$

d'où
$$2x = 19 + 5 ;$$

d'où
$$2x = 24 ;$$

d'où
$$x = 12.$$

Donc, 12 est le plus grand nombre, et par conséquent le plus petit sera $12 - 5 = 7$.

VÉRIFICATION. En effet, $19 - 12 = 7$ et $7 + 12 = 19$.

65. REMARQUE I. L'équation peut être aussi :

$$x + (x + 5) = 19$$

66. REMARQUE II. Le problème 64 est réellement à deux inconnues, puisqu'il y a deux nombres à déterminer; mais telle est la simplicité des relations qui existent entre ces deux nombres, que l'un ne peut cesser d'être inconnu, sans qu'il en soit de même à l'égard de l'autre.

67. Le navire *la France* a 49 jours de navigation ; un autre navire, *la Gloire* et qui a la même marche, a 14 jours de navigation ; on demande dans combien de jours la navigation de la *France* sera le triple de celle de la *Gloire*.

Soit x le nombre de jours cherché. Si l'on connaissait ce nombre de jours, et qu'on voulût le vérifier, on raisonnerait ainsi :

La *France* ayant 49 jours de navigation, dans x jours, elle en aura $49 + x$; au bout de cette période, la *Gloire* aura 14 jours $+ x$ de navigation. Or, d'après les données précédentes, le triple de ce nombre, c'est-à-dire $(14 + x) \times 3$ sera égal au nombre de jours de la *France* ; on doit donc avoir l'égalité :

$$(14 + x) \times 3 = 49 + x,$$

Voilà l'équation du problème. En en cherchant la solution, il vient $x = 3\frac{1}{2}$.

Et, en effet, dans $3\frac{1}{2}$ jours, la *Gloire* aura $14 + 3\frac{1}{2}$ ou $17\frac{1}{2}$ jours de navigation; la *France* en aura $49 + 3\frac{1}{2}$ ou $52\frac{1}{2}$, ce qui est le triple de $17\frac{1}{2}$.

---

68. *Voir figure* 1. Deux pyroscaphes, *la France* et *la Gloire*, vont pour se rencontrer l'un l'autre, en partant de deux ports de mer dont la distance est de 150 lieues marines. La *Gloire* fait 4 lieues par heure tandis que la *France* en fait 5. La *Gloire* part 8 heures avant la *France*. Déterminer le temps que la *France* mettra à joindre la *Gloire* et le trajet fait par chacun des pyroscaphes à l'instant de leur jonction.

Soient x le temps de la marche de la *Gloire* et A et B les lettres désignant les deux ports. Or, ce bateau faisant 4 lieues par heure, dans x heures, il en fera $2x$, et par conséquent la distance AJ à laquelle il sera du point A, au moment de la jonction, sera AB $- 4x$, ou $(150 - 2x)$ lieues marines.

Puisque la *France* est partie 8 heures après la *Gloire*, elle n'aura marché que pendant $(x - 8)$ heures ; et comme ce bateau fait 5 lieues par heure, il sera, à l'instant de sa jonction, éloigné du point A d'une quantité AJ égale à $5 (x - 8)$ lieues.

La mise en équation est :

$$5 (x - 8) = 150 - 4x$$

dont la solution est

$$x = 21^\text{h} \frac{1}{9}.$$

A l'effet de déterminer la traversée φ faite par la *Gloire*, on doit multiplier sa vitesse (c'est 4 lieues à l'heure) par le nombre d'heures que ce bateau a dû être en marche, c'est-à-dire par $21 + \frac{1}{9}$. On a donc :

$$\varphi = 4 \times 21 + \frac{1}{9};$$

d'où
$$\varphi = 84 + \frac{4}{9}.$$

Pour déterminer le chemin δ fait par la *France*, qui fait 5 lieues à l'heure, on doit multiplier 5 lieues par le nombre d'heures que ce bateau a dû rester en route ; comme c'est $21\frac{1}{9} - 8$, ou $13\frac{1}{9}$, on obtient donc :

$$\delta = 65\frac{5}{9} \text{ lieues marines.}$$

---

69. Deux bateaux à vapeur partent en même temps pour Brest, l'un du point Y, l'autre du point Z. Le premier pyroscaphe fait 5 lieues marines par heure, et le second 4 lieues marines. Le point Y est plus éloigné de 9 lieues marines du port de Brest que Z. On demande à quelle distance de Brest ces deux bateaux à vapeur feront leur jonction.

Voir figure n° 2. Admettons que J soit le point de jonction. La distance connue YZ est de 9 lieues marines, x est le nombre de lieues marines ZJ du lieu Z au point de jonction inconnu J. Cela posé, il résulte de l'énoncé du problème :

Que le premier bateau à vapeur traversera YZ, c'est-à-dire $9 + x$ lieues marines pendant que le second bateau traversera ZJ ou x lieues marines; et ces traversées faites dans le même temps, auront lieu avec les *vitesses* données 4 et 5.

Suivant une règle du *calcul de la réduction à l'unité* qui donne $\dfrac{5}{4}$, et aussi d'après le principe que *les espaces parcourus sont proportionnels aux vitesses*, l'équation du problème est :

Traversée du 2e *bateau.*   *Traversée du* 1er *bateau.*

$$\frac{5}{4} = \frac{9 + x}{x} ;$$

d'où $36 + 4x = 5x ;$

d'où $36 = 5x - 4x ;$

d'où enfin $36 = x.$

Donc, la distance ZJ égale 36 lieues marines. Ajoutons-la à YZ ou 9 lieues marines, cela donne $36 + 9 = 45$ lieues marines pour la distance de Y au point où les pyroscaphes feront leur jonction.

70. REMARQUE. Pour poser l'équation, il convient que le lecteur comprenne préalablement la valeur des expressions *vitesses* et *espaces parcourus ;* car on les compare dans le raisonnement de ce genre de problème.

71. Lorsqu'un pyroscaphe marche d'une allure réglée et traverse les mêmes eaux dans des temps égaux, le mouvement dont s'agite ce pyroscaphe est ce que techniquement on appelle un *mouvement uniforme.* Or, dans le mouvement uniforme, l'espace parcouru dans l'unité de temps se désigne par le mot de *vitesse.* Ainsi, une heure, une minute, une seconde, par exemple, comportent cette dénomination.

------

72. Pierre, matelot, peut faire un sauvetage en 18 heures de travail; Paul, second matelot, ferait le même sauvetage en 9 heures de travail ; Jacques, troisième matelot, le ferait en 6 heures. Si les trois matelots travaillaient ensemble, combien d'heures mettraient-ils à faire ce sauvetage ?

Représentons par x le nombre d'heures cherché. Comme Pierre ferait le sauvetage en 18 heures, il fera donc en 1 heure $\dfrac{1}{18}$ de ce sauvetage. En x heures, il fera donc une partie de ce sauvetage marquée par $\dfrac{x}{18}$.

Raisonnant analogiquement, Paul en x^h fera $\dfrac{x}{9}$ du sauvetage, et Jacques en fera pour sa part $\dfrac{x}{6}$.

Or, puisque la somme de ces fractions du sauvetage doit composer le sauvetage entier, pris ici pour unité, il en résulte l'équation :

$$\frac{x}{18} + \frac{x}{9} + \frac{x}{6} = 1,$$

ou

$$x\left(\frac{1 + 2 + 3}{18}\right) = 1;$$

d'où

$$x = \frac{18}{6} = 3.$$

Ainsi, les trois matelots seront 3 heures à faire leur sauvetage. En effet, le premier matelot fera les $\frac{3}{18}$ ou $\frac{1}{6}$ du sauvetage; le second matelot fera les $\frac{3}{9}$ du sauvetage, ou bien $\frac{1}{3}$; et le troisième matelot en fera les $\frac{3}{6}$, c'est-à-dire la $\frac{1}{2}$.

Or, la somme $\frac{3}{18} + \frac{3}{9} + \frac{3}{6} = \frac{18}{18}$ ou 1.

Nota bene. Le lecteur, en se rappelant ses principes d'arithmétique, se rendra compte de ce que $x = \dfrac{18}{6}$ et non pas $\dfrac{6}{18}$.

---

73. Des matelots vont à deux fontaines pour remplir d'eau leurs barriques. La première coulant seule peut les remplir en 4 heures et la seconde en 5 heures. On demande en combien d'heures les barriques seraient remplies par les deux fontaines, si elles coulaient ensemble.

Soit x le temps cherché, et rendons-nous compte de la portion des barriques qu'occupera l'eau donnée par chacune des fontaines dans ce temps x, et puisque la capacité totale des barriques n'est pas déterminée, désignons-la par l'unité.

Raisonnons de la sorte : si la première fontaine remplit les barriques en 4 heures, il est évident que l'eau fournie dans une heure occupe le quart de la capacité totale, c'est-à-dire $\dfrac{1}{4}$, et que dans le temps x, la portion occupée sera x fois $\dfrac{1}{4}$ ou $\dfrac{x}{4}$.

Pareillement, la seconde fontaine qui reste 5 heures à remplir les barriques, donnera dans une heure l'eau nécessaire pour occuper $\frac{1}{5}$ de cette capacité, et dans le nombre d'heures x, la portion occupée sera x fois $\frac{1}{5}$ ou $\frac{x}{5}$.

Si dans le temps x, les deux fontaines coulant à la fois doivent remplir les barriques, il faut ue les capacités $\frac{x}{4} + \frac{x}{5} = 1$, capacité totale. Ainsi, l'énoncé du problème se traduira algébriquement :

$$\frac{x}{4} + \frac{x}{5} = 1 \; ;$$

d'où
$$5x + 4x = 20 \; ;$$

d'où
$$9x = 20 \; ;$$

d'où
$$x = \frac{20}{9} = 2 \text{ heures} + \frac{2}{9}.$$

---

74. Un armateur se propose de partager 1246 francs entre le capitaine et les gens d'équipage de son navire, de telle manière que celui-là ait $\dfrac{7}{8}$ de plus que la part de celui-ci. On demande de déterminer ces deux parts.

Solution raisonnée. Soit x la part de l'équipage, celle du capitaine sera $x + \dfrac{7}{8}$. On obtient évidemment l'équation :

$$x + \left(x + \frac{7}{8}\,x \right) = 1246\,;$$

d'où
$$2x + \frac{7}{8}\,x = 1246\,;$$

d'où
$$x = 433 + \frac{9}{23}.$$

Donc, la part de l'équipage étant $433 + \dfrac{9}{23}$ ou 433,39, celle du capitaine sera $\left(433, \dfrac{9}{23} \right) +$ $379 + \dfrac{2}{9}$, c'est-à-dire 812, $\dfrac{127}{207}$ ou 812,61.

Vérification.

$$433,39 = \text{part de l'équipage.}$$
$$812,61 = \text{part du capitaine.}$$

$$1246,00 = \text{somme à partager.}$$

---

75. L'heure marquée à un chronomètre est $10^h\ 38'\ 25''$ et il indique $0^h\ 1'\ 28''$ au bout de $13^h\ 22'\ 41''$, en temps moyen. Quelle est la marche diurne de cet instrument sur le temps moyen ?

Remarquons d'abord que l'intervalle ou variation qui a eu lieu au chronomètre entre l'instant où il marque $10^h\ 38'\ 25''$ et l'instant où il désigne $0^h\ 1'\ 28''$ ou $24^h\ 1'\ 28''$ est de $13^h\ 23'\ 3''$, c'est-à-dire $24^h\ 1'\ 28'' - 10^h\ 38'\ 25''$.

Observons aussi que $13^h\ 22'\ 41''$ en temps moyen se sont écoulées dans la même période de temps.

Solution raisonnée. Soit x la marche diurne du chronomètre ; 24 h. $+\ x$ sera, par définition, le temps qui se passera en 24 h., temps moyen, à ce même instrument.

Maintenant, puisqu'il est de principe que le rapport de deux variations du même chronomètre égale le rapport des deux variations correspondantes du temps moyen, posons donc l'expression :

$$\text{Intervalle entre l'indication des deux temps d'heures observés.} \quad \frac{24 + x}{13^h\ 23'\ 3''} = \frac{24}{13^h\ 22'\ 41''} \quad \textit{Période écoulée en } TM.$$

Cette équation peut aussi se représenter par :

$$\frac{24 + x}{24} = \frac{13^h\ 23'\ 3''}{13^h\ 22'\ 41''} \cdot$$

En vertu d'un principe de rapports égaux :

$$\frac{x}{24} = \frac{13^h\ 23'\ 3'' - 13^h\ 22'\ 41''}{13^h\ 22'\ 41''} ;$$

d'où l'on obtient :

$$\frac{x}{24} = \frac{0^h\ 0\ 22''}{13^h\ 22'\ 41''} ;$$

d'où enfin

$$x = 0^h\ 0'\ 12'',26.$$

---

76. On a h litres de vin de Bordeaux contenant h' litres de lie ; combien faut-il y ajouter d'eau pour que R litres de mélange ne contiennent plus que t litres de lie ?

Soit x la quantité de litres d'eau à ajouter. Dans le mélange $h + x$, il y aura toujours h' litres de lie ; donc R litres du mélange contiendront $\dfrac{Rh'}{h+x}$ de lie.

$$\frac{Rh'}{h+x} = t;$$

d'où l'on obtient :

$$x = \frac{Rh' - ht}{t}.$$

Problème du premier degré à deux inconnues.

77. Trouver deux nombres dont la somme est 19 et la différence 5.

Solution raisonnée. Si l'on représente le plus petit des deux nombres cherchés par x et le plus grand par y, il viendra évidemment pour équations :

$$y + x = 19,$$
$$y - x = 5.$$

En appliquant à ces deux équations la *méthode d'élimination par réduction*, il viendra par addition $2y = 24$, d'où $y = 12$.

3

En retranchant la seconde de la première, on obtient :

$$2x = 14 ;$$

d'où

$$x = 7.$$

Substituant ces valeurs de x et de y dans les équations du problème, il vient :

$$12 + 7 = 19,$$
$$12 - 7 = 5,$$

qui donnent pour équations identiques :

$$19 = 19,$$
$$5 = 5.$$

78. Trouver deux nombres tels que le quintuple du premier augmenté du double du second, ait 64 pour somme, et que le sextuple du premier, diminué du triple du second, donne 12 pour différence.

Soient x le premier nombre, et y le second nombre ; il vient :

$$5x + 2y = 64, \qquad (\alpha)$$
$$6x - 3y = 20. \qquad (\beta)$$

79. La *méthode de l'élimination par substitution* consistant à prendre, dans l'une des équations, la valeur d'une inconnue en fonction de l'autre, et à *substituer* cette valeur dans la seconde équation, prenons donc dans l'équation (α) la valeur de x ; c'est $x = \dfrac{64 - 2y}{5}$, et substituons-la dans l'équation (β), laquelle se transforme alors en une équation à une seule inconnue :

$$6 \times \frac{64 - 2y}{5} - 3y = 12.$$

Cette expression donne successivement : $384 - 12y - 15y = 60$; $12y + 15y = 384 - 60$; $27y = 324$; $y = 12$.

En substituant cette valeur de y dans l'expression de x, il vient :

$$x = \frac{64 - 24}{5} = 8.$$

Donc, les deux nombres demandés sont 8 et 12.

80. REMARQUE. Les équations (α) et (β) composent un *système*, c'est-à-dire qu'*elles existent ensemble* parce qu'elles sont rattachées l'une à l'autre par une condition de rigueur qui se trouve naturellement dans tous les problèmes à plusieurs inconnues. Cette condition est que les valeurs des inconnues x et y ont un caractère identique pour les deux équations.

CHAPITRE II

Résolution des équations du second degré à une seule inconnue.

81. On ramène d'abord, à la forme $x^2 = a$, l'équation du second degré à une seule inconnue qui ne contient pas la première puissance de cette inconnue. A cette fin, après avoir fait évanouir les dénominateurs, s'il y en a, on transporte, dans le premier membre de l'équation, tous les termes affectés du carré de l'inconnue, et l'on passe dans le second membre tous les termes connus. On fait l'addition algébrique dans chaque membre, puis on divise, de part et d'autre, par le coefficient de x^2. On extrait ensuite la racine carrée de chaque membre et l'on obtient

$$x = \pm \sqrt{a}.$$

82. Il convient de ne point oublier le principe suivant :

Toute puissance d'un degré pair d'une quantité, positive ou négative, est d'un caractère positif. Réciproquement, toute racine d'un degré pair d'une quantité positive peut être positive ou négative.

Soit l'équation $7x^2 - 32 = \dfrac{3}{5} x^2 + 128.$

Il en résultera successivement :

$$35x^2 - 160 = 3x^2 + 640$$
$$35x^2 - 3x^2 = 640 + 160$$
$$32x^2 = 800$$
$$x^2 = \frac{800}{32} = 25$$
$$x = \pm \sqrt{25}$$
$$x = \pm 5$$

Donc, $x = 5$ et $x = -5$ sont les deux racines de l'équation proposée, et chacune de ces valeurs satisfait évidemment à la solution.

83. Il peut se faire qu'après avoir ramené l'équation à la forme $x^2 = a$, le terme x^2 affecte le signe négatif; en ce cas, il faut changer les signes de part et d'autre, et terminer comme on vient de le faire.

84. Soit l'équation $7x^2 + 12 = 19x^2 + 204$.

On trouve successivement :

$$7x^2 - 19x^2 = 204 - 12$$
$$- 12x^2 = 192$$
$$- x^2 = \frac{192}{12} = 16$$

Si l'on change les signes, il vient :

$$x^2 = -16 \, ;$$

d'où

$$x = \pm \sqrt{-16}.$$

85. Attendu qu'une quantité négative ne peut avoir de racine carrée, on peut conclure que la solution de ce problème est *impossible*. Cependant, il arrive quelquefois qu'une question ne se résout qu'au moyen de la racine carrée d'une quantité négative qui finit par donner un résultat *réel*.

86. On appelle *quantité réelle, expression réelle* celle qui ne renferme pas la racine d'un degré pair d'une quantité affectée du signe —.

87. L'équation formulaire, c'est-à-dire l'équation littérale complète du second degré, s'exprime par $x^2 + px + q = 0$.

88. Faisons-en la solution pour exemple : passant le terme connu q dans le second membre, cette expression devient $x^2 + px = -q$.

Remarquons d'abord que le premier membre peut être considéré comme renfermant les deux premiers termes du carré d'un binôme inconnu, à savoir :

x^2, carré du premier terme de ce binôme et px double produit du premier terme de ce binôme par le second.

On obtient le premier terme en extrayant la racine de x^2, qui est x, et pour trouver le second, il faut diviser le double produit px des deux termes par le double $2x$ du premier, et le quotient est $\frac{p}{2}$. On trouve ainsi $x + \frac{p}{2}$ pour binôme cherché. Son carré se complète en ajoutant à cette valeur le carré de $\frac{p}{2}$ ou $\frac{p^2}{4}$. Pour ne pas altérer l'égalité, il convient d'ajouter $\frac{p^2}{4}$ au second membre de l'équation, et l'on aura par là :

$$x^2 + px + \frac{p^2}{4} = -q + \frac{p^2}{4}$$

ou

$$\left(x + \frac{p}{2}\right)^2 = \frac{p^2}{4} - q.$$

Extrayant la racine des deux membres, en appliquant le double signe $\pm$ devant la racine du second, il vient :

$$x + \frac{p}{2} = \pm\sqrt{\frac{p^2}{4} - q}$$

et, en faisant passer le terme $\dfrac{p}{2}$ dans le second membre,

$$x = -\frac{p}{2} \pm \sqrt{\frac{p^2}{4} - q}.$$

De là, il résulte deux valeurs :

$$x = -\frac{p}{2} + \sqrt{\frac{p^2}{4} - q} \quad \text{et} \quad x = -\frac{p}{2} - \sqrt{\frac{p^2}{4} - q}.$$

89. Ces deux expressions de x sont autant de *formules générales* qui peuvent servir à trouver immédiatement l'inconnue dans une équation du second degré quelconque.

90. De ce qui vient d'être exposé, l'on peut dire que : *dans toute équation du second degré ramenée à la forme* $x^2 + px + q =$, l'inconnue est égale à la moitié du coefficient de la première puissance de x, plus ou moins la racine carrée du carré de cette moitié, suivi de la racine du terme indépendant de x, affecté du signe qu'il a dans le second membre.

Appliquant cette règle à l'équation $x^2 - 3x + 2 = 0$, il vient :

$$x = \frac{3}{2} \pm \sqrt{\frac{9}{4} - 2},$$

$$x = \frac{3}{2} \pm \sqrt{\frac{1}{4}},$$

d'où
$$x = \frac{3}{2} \pm \frac{1}{2}.$$

$$x = 2 \quad \text{et} \quad x = 1$$

91. 338 mètres carrés sont la surface d'un triangle dont la base est le quadruple de la hauteur. On demande la hauteur et la base de cette figure.

D'abord, observons qu'on obtient la surface d'un triangle en multipliant la base par la demi-hauteur ; or, si la hauteur du triangle se représente par x, la base sera $4x$, et $4x \times \frac{x}{2}$ sera la surface. L'équation est donc évidemment :

$$4x \times \frac{x}{2} = 338;$$

d'où il vient successivement :

$$4x^2 = 676,$$
$$x^2 = \frac{676}{4} = 169;$$

$$x = \pm \sqrt{169}, \text{ d'où enfin } x = 13 \text{ mètres pour hauteur.}$$

Comme $4 \times 13 = 52$, on trouve ainsi la base du triangle.

Remarque. On n'a tenu compte que de la solution positive, parce qu'elle répond au sens direct et vrai de la question qui d'ailleurs ne peut jamais admettre le signe —.

TRIGONOMÉTRIE

92. Résoudre un triangle rectangle dont on connaît l'hypoténuse a et un angle aigu B. Le problème a pour inconnues C, b et c.

Calcul de C.

$$B + C = 90°; \text{ donc, } C = 90° - B.$$

Calcul de b.

93. Le principe que, dans tout triangle rectangle, un des côtés de l'angle droit est égal à l'hypoténuse multipliée par le sinus de l'angle opposé à ce côté-là, donne $b = a \sin B$, et, le rayon étant rétabli dans cette formule, il en résulte :

$$b = \frac{a \sin B}{R}.$$

Telle est l'équation qui fera connaître b.

Calcul de AB ou c.

94. Le principe que dans tout triangle rectangle un des côtés de l'angle droit est égal à l'hypoténuse multipliée par le cosinus de l'angle aigu adjacent à ce côté-là, donne $c = a \cos B$, et, le rayon étant rétabli dans cette expression formulaire, il en résulte :

$$c = \frac{a \cos B}{R}.$$

Le premier membre de l'équation se déterminera, parce que toutes les parties du second membre sont connues.

---

95. Parti d'un lieu se trouvant à la latitude S. de 34° 20′, un capitaine de navire a parcouru 88 milles au Sud 20° 36′ 28″ O. du globe; déterminer : 1° la latitude du point d'arrivée; 2° le nombre de milles de chemin fait par le navire vers l'Ouest.

Voir figure n° 3. Supposons que AB soit le méridien du point de départ B, et BC le chemin fait par le navire. Si nous traçons AC perpendiculairement sur AB, il en résulte un triangle rectangle dans lequel on voit 1° l'hypoténuse BC, c'est-à-dire la route de 88 milles ; 2° l'angle CBA qui est l'angle de route de 20° 36′ 28″.

96. On sait que la latitude d'arrivée se détermine en y ajoutant la latitude de départ, et celle-ci est représentée ici par la distance inconnue AB. Le chemin parcouru vers l'Ouest s'indique ici par AC. — Le problème consiste donc à résoudre un triangle rectangle dont l'hypoténuse $a = 88$ milles et l'angle aigu $B = 20° 36′ 28″$.

Solution de c ou AB, c'est-à-dire variation en latitude du navire.

$$c = \frac{a \cdot \cos B}{R} \text{ d'où } AB = \frac{88 \cdot \cos (20° 36′ 28″)}{R} \text{ et de là on conclut que :}$$

$$\log AB = \log 88 + \log \cos (20° 36′ 28″) - 10$$

log 88 $= 1,944483$
log cos 20° 36′ 28″ $= 9,971848$

Somme $- 10 = 1,916331 = \log AB$. Donc $AB = 82,5$.

Maintenant, comme le navire fait route dans la direction du Sud, il faut ajouter 82,5 à la latitude de départ. On a donc 20° 36′ 28″ $+ 1° 12′ 30″$ ou 21° 48′ 58″ pour la latitude d'arrivée.

Solution de b ou AC, c'est-à-dire chemin fait vers l'Ouest.

$$b = \frac{a \cdot \sin B}{R} \quad \text{d'où} \quad AC = \frac{88 \cdot \sin (20° 36' 28'')}{R},$$

et de là on conclut que :

$$\log AC = \log 88 + \log \sin 20° 36' 28'' - 10$$

log 88   = 1,944483
log sin 20° 36′ 28″   = 9,546504

Somme — 10 = 1,490987 = log AC. Donc, AC = 30 ^{mls},97.

Ainsi, l'on voit que le navire a fait, dans la direction de l'Ouest, 30 ^{mls},97, soit 31 milles.

97. Résoudre un triangle rectangle, connaissant l'hypoténuse a et un côté c de l'angle droit. Les inconnues de la question sont C, B et b.

Calcul de C.

98. Le principe que, dans tout triangle rectangle, un des côtés de l'angle droit est égal à l'hypoténuse multipliée par le sinus de l'angle opposé à ce côté-là, donne :

$$c = a \cdot \sin C.$$

De cette formule on tire :

$$\sin C = \frac{c}{a},$$

et, en rétablissant R, il vient :

$$\frac{\sin C}{R} = \frac{c}{a},$$

et, par suite, en éliminant le dénominateur R, on trouve :

$$\sin C = \frac{R\,c}{a}.$$

Cette formule fera connaître l'angle C.

Calcul de B.

On a $C + B = 90°$, et, par suite, $B = 90° - C$

Calcul de b.

99. La propriété du carré de l'hypoténuse donne :

$$b^2 + c^2 = a^2.$$

De cette équation on tire :

$$b^2 = a^2 - c^2 \text{ équivalent de } (a + c) \cdot (a - c).$$

et, en extrayant les racines carrées de part et d'autre, on trouve :

$$b = \sqrt{(a + c) \cdot (a - c)}.$$

100. B est le point de partance d'un navire d'où il s'éloigne en filant 15 milles à l'heure ; connaître la direction qu'il doit prendre pour que, au bout de 8 heures, il se trouve sur le parallèle mené du point A situé sur le méridien du point B et lequel point A est à la distance de 72 milles de ce point B. Déterminer en outre la distance du point A au navire lorsque celui-ci sera parvenu sur le parallèle.

Voir figure n° 4. Admettons que BC est la direction à suivre par le navire, et soit AC le parallèle mené de A ; ce parallèle est perpendiculaire au méridien AB.

L'angle ABC est la direction cherchée du navire ; donc, il s'agit de déterminer l'angle B et le côté b ou AC d'un triangle rectangle dont on connaît l'hypoténuse de 120 milles, et un côté de l'angle droit de 72 milles.

Dans le triangle rectangle ABC, le côté b se connaîtra trigonométriquement, car AB est déterminé par sa valeur de 72 milles ; en outre, l'hypoténuse BC est connue, puisque le navire fait

15 milles à l'heure, et devant aller de B à C en 8 heures, il s'ensuit que la route à faire BC, sera de 120 milles.

Première solution ou calcul de b ou AC.

$$b = \sqrt{(a + c)(a - c)} \quad \text{d'où} \quad AC = \sqrt{(120 + 72)(120 - 72)}.$$

et de là on conclut que :

$$AC = \sqrt{192 . 48} = \sqrt{9216} = 96.$$

Donc, quand le navire se trouvera sur le parallèle du point A, il sera à 96 milles de distance de ce point.

Seconde solution, ou calcul de B.

$$\text{Sin } B = \frac{Rb}{a} \quad \text{d'où sin } B = \frac{96R}{120} = \frac{4}{5}\, R.$$

et de là on conclut que :

Log sin B = log 4 + log R — log 5 = log 4 + comp^t log 5.

Log 4   =   0,602060

Comp^t log 5   =   9,301030

$\overline{9,903090}$ = log B. Donc, B = 53° 7′ 48″.

4

101. Résoudre un triangle rectangle, connaissant un côté de l'angle droit c et un angle oblique C. L'inconnue de la question est b.

Calcul de b.

102. Le principe que, dans tout triangle rectangle, l'un des côtés de l'angle droit est égal à l'autre côté multiplié par la tangente de l'angle opposé au premier côté, donne :

$b = c.$ tang B, et, en rétablissant le rayon dans cette formule, il vient :

$$b = \frac{c \ \text{tang B}}{R}.$$

Cette formule déterminera b.

---

103. Un navire a en vue un phare dont la hauteur est de 54 mètres. On observe de ce navire la hauteur du phare et elle est de $1°6'35''$. Déterminer la distance du pied du phare au navire en milles nautiques.

Voir figure n° 5. Supposons que B soit le foyer lumineux du phare, et soit BA son élévation au-dessus de l'horizon ; le navire étant supposé au point C, l'angle BCA du triangle rectangle ABC est l'angle $1°6'35''$ résultant de l'observation. Par conséquent, on a, dans le triangle rectangle ABC, les données suivantes : le côté BA $= 54$ mètres et l'angle aigu C $= 1°6'35''$.

Résolvons donc ce triangle pour obtenir la distance inconnue du navire au pied du phare.

Calcul de AC *ou* b.

$$b = \frac{cR}{\tan g\ C} \text{ ou } AC = \frac{54R}{\tan g\ 1°6'35''},$$

d'où il résulte que :

Log AC $=$ log 54 $+$ log 5 $-$ log tang 1° 6' 35'' $=$ log 54 $+$ comp^t log tang 1° 6' 35''.

Log 54 $\qquad\quad = 1,732394$
comp^t log tang 1°6'35'' $= 1.712867$
$\overline{\qquad\qquad\qquad 3,445261} =$ log AC. Donc, AC $= 2787^m,7$.

Ainsi, il résulte que le navire est à $2787^m,7$ en vue du phare.

Le rapport existant entre les milles et les mètres, qui est de 1 mille $= 1851^m,85$, établit que ces $2787^m,7$ font $\dfrac{2787,7}{1851,85}$ milles nautiques, c'est-à-dire $1^{ml},505$.

---

104. Résoudre un triangle rectangle, connaissant les deux côtés de l'angle droit. Soient *c* et *b* les données; les inconnues sont C, B et *a*.

Calcul de C.

105. Le principe que, dans tout triangle rectangle, l'un des côtés de l'angle droit est égal à l'autre côté multiplié par la tangente de l'angle opposé au premier côté donne $c = b$ tang C.

De cette équation on tire tang $C = \dfrac{c}{b}$, et, en rétablissant le rayon, il vient :

$$\frac{\text{tang } C}{R} = \frac{c}{b},$$

et, par suite,

$$\text{tang } C = \frac{R \cdot c}{b}.$$

Cette formule déterminera l'angle C.

Calcul de B.

On a de même, par le principe énoncé plus haut :

$$b = c \cdot \text{tang } B.$$

De cette équation on tire :

$$\text{tang } B = \frac{R \cdot b}{c}.$$

On aura, par cette formule, l'angle B.

106. Remarque. Les angles C et B, étant déterminés indépendamment l'un de l'autre, devront donner pour moment 90°, car ils constituent un triangle rectangle.

---

107. Une tour a $42^m,30$ de haut, et l'ombre qu'elle projette est de $14^m,95$. Calculer la hauteur apparente du soleil au moment où l'on a mesuré la projection de l'ombre.

Voir figure n° 6. Soient BA la hauteur de la tour et CA son ombre. Si l'on joint B,C, on a la direction du rayon qui passe par le sommet de la tour, et l'on obtient l'angle BCA qui est par conséquent la hauteur cherchée. Ainsi, dans le triangle rectangle BAC, il y a deux côtés connus de l'angle droit, c'est-à-dire c ou $AB = 42^m,30$ et b ou $AC = 14^m,95$.

Calcul de C ou hauteur du ⊙.

$$\text{Tang } C = \frac{c.R}{b} \quad \text{ou tang hauteur } ⊙ = \frac{42,30R}{14,95} = \frac{84,6R}{2,99}.$$

d'où il résulte que :

Log tang hauteur ⊙ $= \log 8,46 + \log R - \log 2,99 = \log 8,46 + \text{comp}^t \log 2,99.$

Log 8,46 $\qquad\qquad = \quad 0,927370$

Comp^t log 2,99 $\qquad = \quad 9,524329$

$\qquad\qquad\qquad\overline{10,451699} = \log$ hauteur du ⊙.

Donc la hauteur apparente du $\odot = 70° 32' 7''$.

---

108. Résoudre un triangle quand deux côtés et l'angle compris sont connus. Soient b, c et A les données ; alors les inconnues sont B, C et a.

Calcul de B.

109. Le principe que dans tout triangle rectiligne les côtés sont proportionnels aux sinus des angles opposés, donne $\dfrac{c}{b} = \dfrac{\sin C}{\sin B}$.   ($\alpha$)

Or, C et A $+$ B sont trois angles supplémentaires, car A $+$ B $+$ C $= 180°$, et l'on obtient $\sin C = (A + B)$; en sorte que l'équation (α) devient, par substitution :

$$\frac{c}{b} = \frac{\sin (A + B)}{\sin B}$$

Si l'on applique à cette formule le principe $\dfrac{a + b}{a - b} = \dfrac{c + d}{c - d}$ des rapports égaux $\dfrac{a}{b} = \dfrac{c}{d}$, on a :

$$\frac{c + b}{c - b} = \frac{\sin (A + B) + \sin B}{\sin (A + B) - \sin B}. \quad (\beta)$$

Mais, par le principe renfermé dans la formule $\dfrac{\sin p + \sin q}{\sin p - \sin q} = \tan\dfrac{(p+q)}{2} \cdot \dfrac{1}{\tan\dfrac{(p-q)}{2}}$

dont parlent les livres de géométrie,

$$\frac{\sin(A+B)+\sin B}{\sin(A+B)-\sin B} = \frac{\dfrac{\tan(A+B+B)}{2}}{\dfrac{\tan(A+B-B)}{2}} = \frac{\tan\left(B+\dfrac{A}{2}\right)}{\tan\dfrac{A}{2}}.$$

Ainsi, l'équation (β) se transforme en $\dfrac{\tan\left(B+\dfrac{A}{2}\right)}{\tan\dfrac{A}{2}} = \dfrac{c+b}{c-b}$.

On extrait de cette équation formulaire :

$$\tan\left(B+\frac{A}{2}\right) = \frac{(c+b)\cdot\tan\dfrac{A}{2}}{c-b}. \quad (\gamma)$$

·Cette expression, qui a l'avantage d'être calculable logarithmiquement, déterminera l'angle $B + \dfrac{A}{2}$, et, en soustrayant $\dfrac{A}{2}$ ou la moitié de l'angle donné, de l'angle tabulaire, on obtient B, angle cherché.

Calcul de C.

Par une voie analogique, on trouvera de même, pour calculer C, la formule :

$$\text{Tang}\left(C + \frac{A}{2}\right) = \frac{(b+c).\,\text{tang}\,\frac{A}{2}}{b-c}.$$

Calcul de a.

110. Le principe que, dans tout triangle rectiligne, les côtés sont proportionnels aux sinus des angles opposés donne :

$$\frac{a}{\sin A} = \frac{b}{\sin B};$$

d'où l'on tire :

$$ a = \frac{b.\sin A}{\sin B}, $$

et cette expression déterminera le côté a.

---

111. Se trouvant dans un courant dont la direction est le S. 35° 28′ E. du globe et dont la vitesse est de 4 nœuds 8, un navire fait route au N. 68° 36′ O. du globe en filant 9 nœuds.

Quelle est la vraie route que suit le navire et quelle est sa vitesse réelle ?

Voir figure n° 7. D'abord, admettons que O soit le point de la mer où se trouve le navire, et NS la méridienne du lieu.

Si nous traçons les droites NO et OB dans un sens tel qu'il vienne angle N′ON = 68° 36′ et angle BOS = 35° 28′, il résultera que la direction de la route apparente du navire sera la droite N′O, et la direction du courant sera l'autre droite, OB.

Sur ces deux droites, prenons deux longueurs, celle-ci OC = 4 nœuds 8, et celle-là OD = 9 nœuds 2. Par l'effet de la combinaison des forces OD et OC, le navire trace, tant en direction qu'en grandeur, la diagonale OE du parallélogramme construit sur la direction des deux forces OC et OD prénommées.

Le navire va dans la direction OE et sa route véritable est l'angle NOE résultant de la somme N′OE + N′ON, angle donné.

L'angle NOE, route du navire, et la longueur OE, vitesse réelle, sont les inconnues du problème.

Calcul de l'angle NOE.

En vertu de la formule

$$\tan\left(B + \frac{A}{2}\right) = \frac{(c + b) \cdot \tan\frac{A}{2}}{c - b}$$

il résulte que :

$$\tan(NOE + 16° 34') = \log 7 + \log \tan(16° 34') + \text{comp}^t \log 2,2 - 10.$$

Log 7   =   0,845098
Log tang (16° 34')   =   9,473457
Comp^t log 2,2   =   9,657577
    Somme — 10   =   9,976132 = log tang (NOE + 16° 34').
Donc NOE + 16° 34' = 43° 25' 35"; d'où NOE = 26° 51' 35".

La somme de cet angle de 26° 51' 35" + 68° 36' = 95° 27' 35", c'est-à-dire que la direction véritable du navire est le N. 95° 27' 35" O., ou le S. 84° 32' 25" O.

Calcul de OE *ou vitesse réelle du navire.*

$$\frac{OE}{ED} = \frac{\sin ODE}{\sin NOE}, \quad d'où \quad \frac{OE}{4,4} = \frac{\sin\ (33° 8')}{\sin\ (26° 51' 35'')}$$

$$\text{Log OE} = \log 4,4 + \log \sin\ (33° 8') + \text{comp}^t \log \sin\ (26° 51' 35'') - 10$$

Log 4,4 $= 0,643468$
Log sin (33° 8') $= 9,737661$
Comp^t log sin (26° 51' 35'') $= 0,345047$

$$\text{Somme} - 10 = \overline{0,726176} = \log OE. \text{ Donc } OE = 5,3.$$

---

112.   Position d'un navire, déterminée par ses distances à trois points en vue.

REMARQUE. Cette détermination constitue ce qu'en langage nautique on appelle généralement, quoique d'une manière impropre, le *Problème de la Carte.*

Voir figure n° 8. A, B, C, sont trois points marqués sur une carte, et, d'un navire se trouvant au point en O, on a relevé les distances AB et BC sous les angles AOB, BOC. Déterminer la position de ce point O, autrement dit, calculer les deux angles BAO et BCO.

D'abord, convenons de désigner les distances connues AB et BC par les minuscules u et v respectivement; les deux angles observés AOB et BOC s'indiqueront par les lettres p, s, et les angles inconnus BAO et BCO seront dénommés A et C.

Observons ensuite que A $+$ C de ces angles donnent une somme connue, puisque les angles d'un quadrilatère forment 360°; d'où l'on a :

$$A + C + B + p + s = 360°.$$

On extrait de cette expression A $+$ C $= 360° - (B + p + s)$, d'où :

$$\frac{A + C}{2} = 180° - \left(\frac{B + p + s}{2} \right).$$

Maintenant, en vertu de cette équation, on connaîtra la demi-somme A $+$ C, et, si l'on connaissait la demi-différence des deux angles A et C, ils seraient déterminés.

À l'effet de calculer cette demi-différence, le principe que, dans tout triangle rectiligne, les côtés sont proportionnels aux sinus des angles opposés, appliqué aux deux triangles AOB et BOC, donne les deux équations :

$$\frac{\sin A}{\sin p} = \frac{OB}{u}, \qquad \frac{\sin C}{\sin s} = \frac{OB}{v}$$

Divisons membre à membre ces équations, il en résultera :

$$\frac{\sin A \cdot \sin s}{\sin C \cdot \sin p} = \frac{OB \cdot v}{OA \cdot u}.$$

Si nous supprimons le facteur OB commun aux deux termes du second membre, que nous divisions de part et d'autre par $\sin s$, et multipliions par $\sin p$, il vient :

$$\frac{\sin A}{\sin C} = \frac{\sin p \cdot v}{\sin s \cdot u}.$$

113. Appliquons à cette expression le principe $\dfrac{a-b}{a+b} = \dfrac{c-d}{c+d}$ des rapports égaux $\dfrac{a}{b} = \dfrac{c}{d}$,

il en résulte :

$$\frac{\sin A - \sin C}{\sin A + \sin C} = \frac{v \cdot \sin p - u \cdot \sin s}{v \cdot \sin p + u \cdot \sin s}. \qquad (*)$$

114. D'après le principe trigonométrique que le rapport de la somme des sinus de deux arcs à la différence de leurs sinus est égal au rapport de la tangente de la demi-somme de ces arcs à la tangente de la demi-différence exprimée symboliquement de cette manière :

$$\sin p + \sin q = \tang\left(\frac{p+q}{2}\right) \cdot \frac{1}{\tang\left(\frac{p-q}{2}\right)} = \frac{\tang\left(\frac{p+q}{2}\right)}{\tang\left(\frac{p-q}{2}\right)}.$$

on obtient :

$$\frac{\sin A - \sin C}{\sin A + \sin C} = \frac{\tang\left(\frac{A-C}{2}\right)}{\tang\left(\frac{A+C}{2}\right)},$$

et l'expression (*) s'offre ainsi :

$$\frac{\tang\left(\frac{A-C}{2}\right)}{\tang\left(\frac{A+C}{2}\right)} = \frac{v \cdot \sin p - u \cdot \sin s}{v \cdot \sin p + u \cdot \sin s}.$$

On en extrait, pour $\tang\left(\frac{A-C}{2}\right)$, l'équation suivante :

$$\tan\left(\frac{A-C}{2}\right) = \left(\frac{v\,.\,\sin p - u\,.\,\sin s}{v\,.\,\sin p + u\,.\,\sin s}\right)\tan\left(\frac{A+C}{2}\right).$$

Maintenant, si nous remplaçons $\dfrac{A+C}{2}$ par sa valeur trouvée au commencement du problème de $90° - \left(\dfrac{B+p+s}{2}\right)$, il en résulte enfin :

$$\tan\left(\frac{A-C}{2}\right) = \frac{v\,.\,\sin p - u\,.\,\sin s}{v\,.\,\sin p + u\,.\,\sin s}\,.\,\cot\left(\frac{B+s+p}{2}\right),$$

formule dans laquelle toutes les parties du second membre sont connues. Il convient de rendre maintenant ce second membre logarithmiquement calculable. Divisons donc les deux termes de l'expression du second membre par $v\sin p$, et il viendra pour la demi-différence $\dfrac{A-C}{2}$ qu'il s'agit de déterminer,

$$\tan\left(\frac{A-C}{2}\right) = \left[\frac{1 - \dfrac{u\,.\,\sin s}{v\,.\,\sin p}}{1 + \dfrac{u\,.\,\sin s}{v\,.\,\sin p}}\,.\,\cot\left(\frac{B+p+s}{2}\right)\right]$$

Dans l'hypothèse où $\dfrac{u \cdot \sin s}{v \cdot \sin p} = \operatorname{tang} \delta$, il vient :

$$\operatorname{tang}\left(\frac{A - C}{2}\right) = \frac{1 - \operatorname{tang} \delta}{1 + \operatorname{tang} \delta} \cot \cdot \left(\frac{B + p + s}{2}\right).$$

Attendu que $\operatorname{tang} 45° = 1$, on peut exprimer que :

$$\frac{1 - \operatorname{tang} \delta}{1 + \operatorname{tang} \delta} = \frac{\operatorname{tang} 45° - \operatorname{tang} \delta}{1 + \operatorname{tang} 45° \operatorname{tang} \delta} = \operatorname{tang} (45° - \delta).$$

Par là, l'équation (*) devient, par substitution :

$$\operatorname{tang}\left(\frac{A - C}{2}\right) = \operatorname{tang} (45° - \delta) \cdot \cot\left(\frac{B + p + s}{2}\right).$$

Maintenant, si par Y on désigne la demi-différence $\dfrac{A - C}{2}$, et par Z la demi-somme $\dfrac{A + C}{2}$, il viendra :

$$A = Z + Y$$
$$C = Z - Y$$

115. OBSERVATION. Quand, dans l'expression formulaire

$$\tang\left(\frac{A - C}{2}\right) = \tang\,(45° - \delta)\,.\,\cot\left(\frac{B + p + s}{2}\right),$$

le second membre est positif, la tangente de l'arc $\dfrac{A - C}{2}$ est positive aussi. La $\tang\left(\dfrac{A - C}{2}\right)$ n'offre un caractère positif qu'autant que la différence $A - C$ se présente comme positive, c'est-à-dire que l'angle A est plus grand que l'angle C.

Donc, si le second membre de la formule où se trouve $\dfrac{A - C}{2}$ est positif, il faut en déduire que A est plus grand que C. En ce cas, désignant par Y la demi-différence et par Z la demi-somme dans la formule

$$\tang\ \frac{(A - C)}{2} = \tang\,(45° - \delta)\,.\,\cot\frac{(B + p + s)}{2},$$

on obtient :

$$C = Z - Y \quad \text{et} \quad A = Z + Y$$

---

116. *Voir figure n° 9.* Un navire ayant en vue trois points d'une côte, A, B, C, et les distances

5

AB $=$ 7586, BC $=$ 6953,8 et l'angle ABC $=$ 87° 17′ 4″, on a mesuré d'un point O, situé dans l'ouverture de l'angle ABC, les angles COB $=$ 34° 12′ 8″, BOA $=$ 38° 14′ 28″.

Déterminer les angles ECO et BAO ainsi que les distances OC, OB, OA du navire aux trois points de la côte.

D'abord, posons comme données que :

AB ou $u =$ 7586 ; BC ou $v =$ 6953,8 ; B $=$ 87° 17′ 4″ ; $p =$ 38° 14′ 28″ ; $s =$ 34° 12′ 8″ ;

$$\frac{A + C}{2} = 180° - (79° 51′ 50″) = 100° 8′ 10″ ;$$

$$(B + p + s) = 159° 43′ 40″, \text{ somme ;}$$

$$\frac{(B + p + s)}{2} = 79° 51′ 50″, \text{ demi-somme.}$$

Calcul de l'angle auxiliaire δ qui entre dans la formule $\tan \dfrac{(A - C)}{2}$.

$$\tan \delta = \frac{R \, u \sin s}{v \sin p} :$$

$$\tan \delta = \frac{R \, 7586 \, . \, \sin 34° 12′ 8″}{6953,8 \, \sin 38° 14′ 28″} .$$

$\text{Log} \tan \delta = \log 7586 + \log \sin 34° 12′ 8″ + \text{comp}^{\text{t}} \log 6953,8 + \text{comp}^{\text{t}} \log \sin 38° 14′ 28″ - 10$

$$\text{Log } 7586 = 3,880013$$
$$\text{Log sin } 34° 12' 8'' = 9,749826$$
$$\text{Comp}^t \text{ log } 6953,8 = 6,157823$$
$$\text{Comp}^t \text{log sin} 38° 14'28'' = 0,208329$$
$$\text{Somme} - 10 = \overline{9,995991} = \log \text{tang } \delta.$$

Donc, tang $\delta = 44° 44' 8''$. La différence $45° - \delta$ se trouve revêtue d'un caractère positif, et sa valeur absolue est de $0° 15' 52''$.

$$\textit{Calcul de } \frac{C - A}{2}.$$

$$\text{Tang } \frac{C - A)}{2} = \frac{\text{tang } 45° - 44° 44' 8''. \ \cot (B + p + s)}{R};$$

$$\text{Tang } \frac{(C - A)}{2} = \text{tang} (0° 15' 52''). \cot 79° 51' 50''.$$

$$\text{Log tang } \frac{(C - A)}{2} = \log \text{tang} (0° 15' 52'') + \log \cot (79° 51' 50'') - 10.$$

$$\text{Log tang } (\ 0° 15' 52'') = \overline{7},667849$$
$$\text{Log cot } \ \ (79° 51' 50'') = 9,253528$$
$$\overline{2,921377} = \log \text{tang } \frac{(C - A)}{2}$$

Donc, $\dfrac{C-A}{2} = 0° \, 46' \, 11''$.

Calcul des angles A et C.

$$\dfrac{A+C}{2} = 100° \, 8' \, 10'' ; \qquad\qquad \dfrac{C-A}{2} = 0° \, 46' \, 11'' ;$$

$$C = 99° \, 21' \, 59'' ; \quad A = 100° \, 54' \, 21''.$$

Calcul des distances.

Calcul de AO $= \dfrac{7586 \, . \, \sin (139° \, 8' \, 49'')}{\sin 38° \, 14' \, 28''}$.

Log 7586 $= \quad 3,880013$
Log sin 139° 8′ 49″ $= \quad 9,815659$
Comp^{t}log sin 38°14′28″ $= \quad 0,208329$
Somme -10 $= \quad \overline{3,904001} = $ AO. Donc, AO $= 8016^m,7$.

Calcul de OB $= \dfrac{7586 \, . \, \sin (100° \, 54' \, 21'')}{\sin (38° \, 14' \, 28'')}$.

Log 7586   =   3,880013
Log sin (100° 54′ 21″)   =   9,992085
Comp‎ᵗ log sin (38° 14′ 28″) =   0,208329
Somme — 10   = $\overline{4,080427}$ = OB. Donc, OB = 12034 mètres.

$$Calcul\ de\ OC = \frac{6953,8 \cdot \sin (133° 34′ 7″)}{\sin (34° 12′ 8″)}.$$

Log 6953,8   =   3,842222
Log sin (133° 34′ 7″)   =   9,860069
Comp‎ᵗ log sin (34° 12′ 8″) =   0,250174
                                   $\overline{3,952465}$ = OC. Donc OC = 8963ᵐ,2.

FIN.

TABLE DES MATIÈRES

TABLE DES MATIÈRES.

FIN DE LA TABLE.

CORBEIL. — Typogr. et ster. de CRÉTÉ.

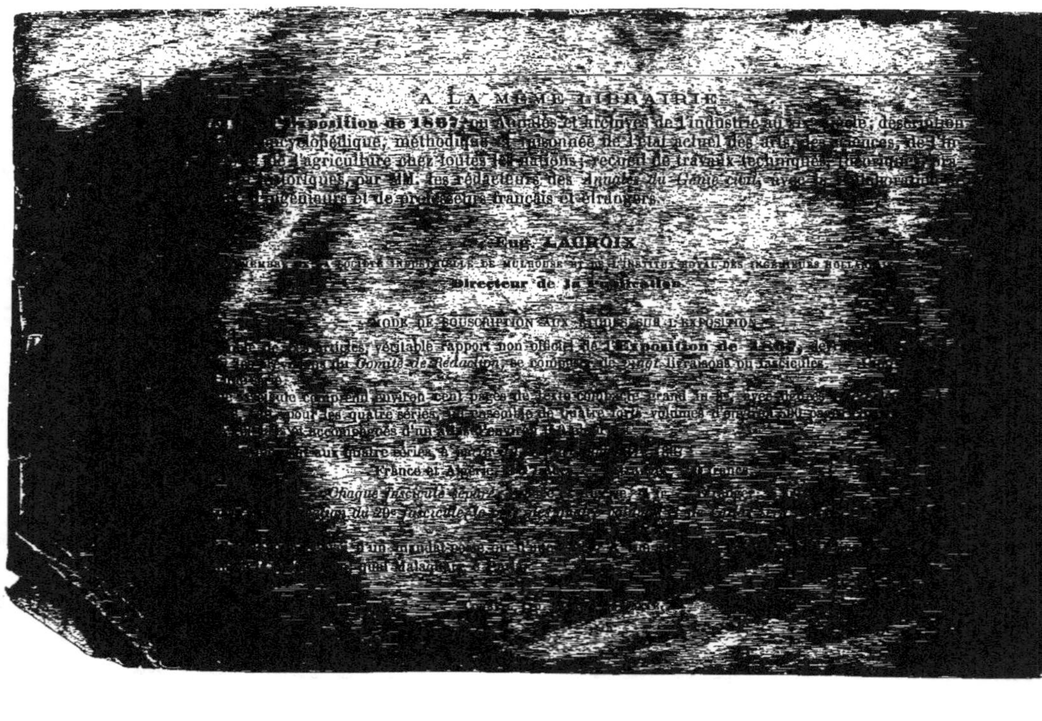

www.ingramcontent.com/pod-product-compliance
Lightning Source LLC
LaVergne TN
LVHW020216030726
842520LV00003B/1102